てんつなぎ 1
キャラクター しょうかい
てんつなぎを しながら すみっコたちを しょうかいするよ。

しろくま

きたから にげてきた、
さむがりで ひとみしりの くま。
あったかい おちゃを すみっこで
のんでいるときが いちばんおちつく。

てんつなぎ 2
キャラクター しょうかい

ふろしき

しろくまの にもつ。
すみっこの ばしょとりや さむいときに
つかわれる。

てんつなぎ 3
キャラクター しょうかい

ねこ

はずかしがりやで たいけいを
きにしている。
きがよわくて よく すみっこを
ゆずってしまう。

てんつなぎ ④
キャラクター しょうかい

ざっそう

いつか あこがれの おはなやさんで
ブーケに してもらう！
という ゆめを もつ ポジティブな
くさ。

てんつなぎ 5
キャラクター しょうかい

とかげ

じつは きょうりゅうの いきのこり。
つかまっちゃうので とかげの ふり。
みんなには ひみつ。

てんつなぎ 6
キャラクター しょうかい

にせつむり

じつは カラを かぶった なめくじ。
うそ ついて すみません…。

てんつなぎ 7
キャラクター しょうかい

ぺんぎん？

じぶんは　ぺんぎん？
じしんが　ない。
むかしは　あたまに　おさらが
あったような…。

てんつなぎ 8
キャラクター しょうかい

たぴおか

ミルクティーだけ さきに のまれて
のこされて しまった。

てんつなぎ 9
キャラクター しょうかい

とんかつ

とんかつの はじっこ。
おにく1%、 しぼう99%。
あぶらっぽいから のこされちゃった…。

てんつなぎ 10
キャラクター しょうかい

えびふらいのしっぽ

かたいから　たべのこされた。
とんかつとは　こころつうじる　とも。

てんつなぎ 11
キャラクター しょうかい

えびてんのしっぽ

てんどんで たべのこされた。
アイドルに なるのが ゆめ。

やま

ふじさんに あこがれている
ちいさい やま。
おんせんに あらわれては ふじさんに
なりすましている。

めいろ 1 もぐらの おうちの ちか めいろ
もぐらの おうち

ねこ、とかげ、ぺんぎん？、しろくま、とんかつが
いるみちを　ぜんぶとおって　ゴールを　めざそう！
おなじ　みちは　とおれないよ。
すみっコに　ぜんいん　あえる　みちは　どのみちかな？

こたえは 60ページを みてね

ゴール

パズル 1
てんしな えびてん アイドル のこされた ピースは どれ？

もんだい 1

あ　い　う　え
お　か　き

よぶんな ピースは

えに あいた あなと ぴったりの ピースを えらんで
えを かんせいさせよう。
どこにも あてはまらない よぶんな ピースは どれかな？

もんだい 2

あ　い
う　え
お

よぶんな ピースは

もんだい 3

あ　い
う　え
お

よぶんな ピースは

こたえは 61ページを みてね

19

てんつなぎ 13

とかげと おかあさんと きらきらな よる

ふわふわの マフラーを みにつけた すみっコたち。
さむい ふゆは あったか〜い マフラーで あったまろう♪

てんつなぎ 14
ホテルニューすみっコ

まちの　すみっこの　やまに　ある
「ホテルニューすみっコ」に　きた　すみっコたち
ゆかたに　きがえて　まったり…♪

てんつなぎ 15
わくわく たぴおかコンビニ

すみっコたちの おうちの ちかくで みつけたのは たぴおかたちが はたらくコンビニ 「たぴたぴマート」!? おいしい たべもので こころも おなかも いっぱい!

なかま さがし　すみっコ ベビー
おなじグループはどれ？

1 ～ 6 の グループに わかれた すみっコたち。
おなじ すみっコがいる グループの
くみあわせは どれと どれかな？

おなじ グループは ☐ と ☐

こたえは 61ページを みてね

てんつなぎ 16
ようこそ！たべものおうこく

あるひ　ばしゃに　のって　たどりついた　くには
いつか　たべて　もらえることを　ゆめみる
のこりものたちが　すむ　「たべものおうこく」　でした！
とんかつの　むかしの　なかまが
「とんかつおう」に　なっていたよ！

てんつなぎ 17
しろくまのふるさと

あるひ しろくまの おかあさんから
てがみと ふねの チケットが とどきました。
きたから にげてきた しろくまは
なやみましたが、みんなと いっしょに
ふるさとに かえることに しました。

めいろ 2
てんしな えびてん アイドル
ひろってすすもう!

スタートから じゅんばんに 🩷→🐥→🩵→✨ を
ひろいながら みちを すすんで ゴールを めざそう！
おなじ みちは とおれないから ちゅういしてね♪

こたえは 62ページを みてね

てんつなぎ 18
ふしぎな おともだち

UFOで ふしぎな おともだちに であった すみっコたち。
なかよくなったから まねっこ してみたよ。

テレパシー

てんつなぎ 19
てんしな えびてん アイドル

アイドルに なるために まいにち がんばる「えびてんのしっぽ」。
すみっコたちは おそろいの いしょうを きて みんなで おうえんすることに したよ！

てんつなぎ 20
ようこそ！たべものおうこく

「たべものおうこく」に　やってきた　すみっコたち。
やさいに　なりきって　みたよ♪

パズル 2 のこされた ピースは どれ？

しろくまのふるさと

もんだい 1

よぶんな ピースは

えに あいた あなと ぴったりの ピースを えらんで
えを かんせいさせよう。
どこにも あてはまらない よぶんな ピースは どれかな？

もんだい 2

よぶんな ピースは

こたえは 63ページを みてね

シルエットクイズ ②
ホテルニューすみっコ
いないコ だ～れだ？

こ～なくなった すみっコは だれかな！？

いなくなったコに ◯をつけよう！

ひだりページの 13びきの うち、
ひとりだけ かげが ないすみっコが いるよ。
だれの かげが ないか さがしてみよう。

かげが ないすみっコを さがしてみよう！

こたえは 64ページを みてね

てんつなぎ 21
わくわく たぴおかコンビニ

たぴおかたちが はたらく コンビニで うられている おいしそうな たべものたちの まねっこを してみたよ。

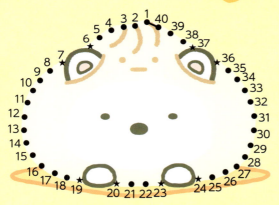

たぴおかを かこもう

ほしを つないで ピンク・みずいろ・きいろの たぴおか3びきを 1つに かこんでみよう。かこんだ かたちや ならびは ちがっても かまいません。ぜんぶ かこめるかな?

48　　　　　　　　　　　　こたえは 64ページを みてね

ぬりえであそぼう！

すきな いろで すみっコたちを ぬって、
たのしい えを かんせい させてね！

こたえあわせを しよう

めいろ や シルエットクイズ、
パズルの こたえは ここから みれるよ！
みんなは いくつ わかったかな？

めいろ ① 　14～15ページ

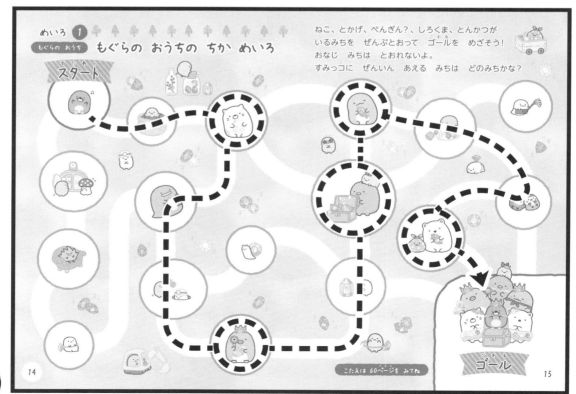

シルエットクイズ 1 16〜17ページ

パズル 1 18〜19ページ

- もんだい1 **お**
- もんだい2 **あ**
- もんだい3 **え**

なかま さがし 26〜27ページ

おなじ グループは **3** と **4**

めいろ 2 32〜33ページ

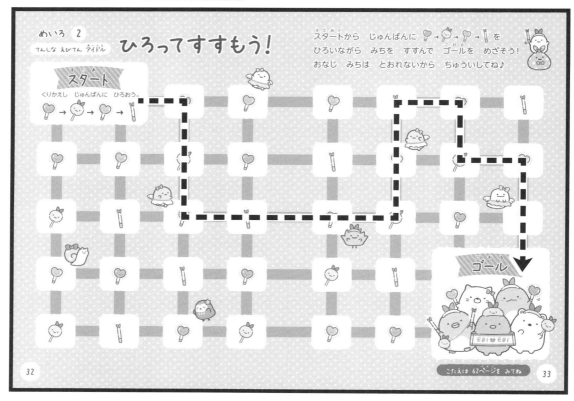

めいろ 3 40〜41ページ

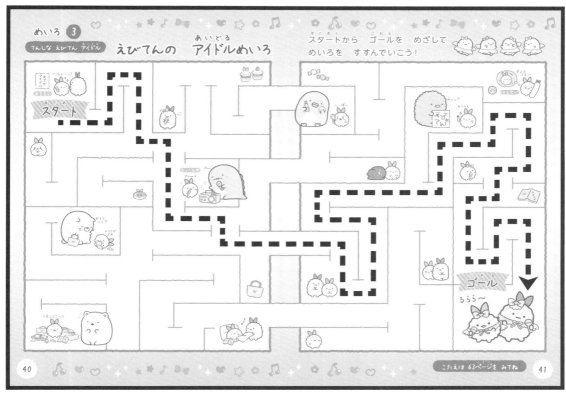

パズル 2 42〜43ページ

もんだい 1
え

もんだい 2
き

63

シルエットクイズ ❷ 44〜45ページ

たぴおかを かこもう 48ページ

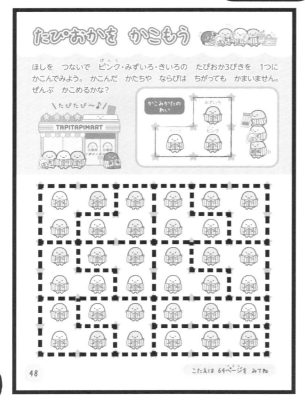